Reinhard Abeln

Das christliche Hausbuch für die Advents- und Weihnachtszeit

REINHARD ABELN

Das christliche HAUSBUCH

für die Advents- und Weihnachtszeit

Spiele

Lieder

Geschichten

Bastelideen

Dekoration

benno

Bibliografische Information der Deutschen Nationalbibliothek
Die Deutsche Nationalbibliothek verzeichnet diese Publikation in der Deutschen Nationalbibliografie; detaillierte bibliografische Daten sind im Internet über http://dnb.d-nb.de abrufbar.

Besuchen Sie uns im Internet:

www.st-benno.de

ISBN 978-3-7462-3222-5

Stammerstraße 11, 04159 Leipzig
Einbandgestaltung: Ulrike Vetter, Leipzig
Layout und Gesamtherstellung: Arnold & Domnick, Leipzig (B)

Inhaltsverzeichnis

Advent und Weihnachten in der Familie

Gibt es während des Jahres schönere Tage als die Advents- und Weihnachtszeit? Wohl kaum eine Zeit im Jahr ist so reich an Bräuchen und Festen, an Abwechslungen und Feierlichkeiten wie sie. Wenn wir „Advent“ und „Weihnachten“ hören und lesen, denken wir an den Adventskranz, an Barbarazweige und Nikolaus, an Krippe und Weihnachtsbaum, an Silvester und Sternsinger, und manche bekannte Lieder fallen uns ein.

Für die Familie ist die Advents- und Weihnachtszeit eine schöne Zeit – besonders dann, wenn sie sinnvoll gestaltet wird. Dieses Buch enthält für die Wochen zwischen Sankt Martin, einem Vorboten des Advents, und Dreikönig Besinnliches und Nachdenkliches, Unterhaltsames und Praktisches: biblische Texte, Erzählungen, Lieder, Ideen zum Basteln und Spielen, Gedichte, Legenden, Geschichten, Rätsel und Backrezepte.

Für die ganze Familie ist dieses Buch gedacht, für Eltern und Kinder, für Großeltern und Enkel. Es ist ein Hausbuch, in dem alle lesen und sich anregen lassen können. Wer immer zu diesem Hausbuch greift, kann etwas Neues und Überraschendes entdecken.

Texte, die sich in erster Linie an Kinder wenden, sind mit einem Sternchen (*) gekennzeichnet. Sie sind einfach gehalten und auch für Kinder leicht verständlich.

Allen Leserinnen und Lesern – großen wie kleinen – wünsche ich mit diesem Buch viele glückliche und frohe Stunden. Es wäre schön, wenn sie sich mit Hilfe der Lektüre von der Advents- und Weihnachtszeit, vor allem aber vom Fest der Geburt Jesu, in besonderer Weise innerlich berühren und erfassen ließen.

Bischof Martin –
bald ist Advent

Martin (11. November)

Martin war der Sohn eines hohen römischen Offiziers. Im Jahre 316 wurde er in Pannonien, im heutigen Ungarn, geboren. Wie sein Vater wurde auch Martin Soldat.

Einmal ritt er an einem Winterabend in die Stadt Amiens in Frankreich. Am Stadttor sah er einen Bettler frierend im Schnee sitzen. Kurz entschlossen zog Martin sein Schwert, zerschnitt seinen Offiziersmantel und gab die eine Hälfte davon dem armen Mann.

Mit 18 Jahren erfuhr Martin von Jesus Christus und entschloss sich, Christ zu werden und sich taufen zu lassen. Er verließ die Armee und nahm sich vor, nur noch für Jesus da zu sein.

Bald darauf wurde Martin Priester und später Bischof von Tours. Er verkündete das Evangelium allen Menschen, den einfachen Leuten und den mächtigen Herrschern. Er baute mehrere Kapellen und Klöster und achtete darauf, dass die Lehre Jesu nicht verfälscht wurde. Besonders half er den Armen.

Heute gibt es in vielen Gegenden am Martinstag (11. November) Laternenumzüge. Sie erinnern an den beliebten Bischof und an seine vielen guten Taten. Zahlreiche Menschen, Kirchen, Klöster und Einrichtungen tragen den Namen des heiligen Martin.

Der Martinszug

Am Martinstag ziehen die Kinder mit brennenden Laternen durch die Straßen und singen.

Manchmal begleitet ein Reiter den Zug der Kinder. Dann kommt das Martinsspiel: Der Reiter sieht einen Bettler, teilt seinen Mantel und gibt ihm die Hälfte.

Oft endet der Martinszug mit einem Gottesdienst in der Kirche. Anschließend werden an die Kinder Martinsbrezeln verteilt.

Martinslaternen selbst gemacht

Es ist schön, wenn sich Eltern die Mühe machen, mit ihren Jungen und Mädchen für den Martinsumzug bunte Laternen zu basteln. Dazu können auch Kinder aus der Nachbarschaft eingeladen werden.

Zu den ältesten Martinslaternen gehören die sogenannten „Rübengeister“. Das sind ausgehöhlte Rüben (Runkel- oder Steckrüben) mit eingeschnittenen Gesichtern, in deren Mitte ein Kerzenhalter mit Kerze angebracht ist. Vielleicht gibt es irgendwo in erreichbarer Nähe einen Landwirt, der noch Rüben anbaut. Man kann auch Melonen oder Kürbisse aushöhlen und ausschneiden und als Laternen verwenden.

Außer diesen Rübenlaternen können Eltern und Kinder auch andere Martinslaternen basteln: Zylinderlaternen, Vierecklaternen, Faltlaternen, Ziehharmonikalaternen, Luftballonlaternen usw. Es gibt viele Möglichkeiten, wie man zu Hause schöne und sehr individuelle Laternen basteln kann.

Natürlich gibt es auch in Geschäften Laternen und Lampions zu kaufen. Aber für Kinder ist es viel schöner, wenn sie in einer Familie mit Liebe und Sorgfalt selbst hergestellt werden.

Die Martinsgans

Der Brauch, an Sankt Martin eine Gans zu essen, hat mit folgender Geschichte zu tun: Als der heilige Martin hörte, dass er Bischof von Tours werden sollte, wollte er das schwere Amt nicht übernehmen. Er flüchtete sich in einen Gänsestall, damit ihn niemand fand. Die Gänse aber schnatterten aufgeregt und verrieten so sein Versteck. Martin wurde schließlich gefunden und trat sein Amt an. Aber er soll sich so über das Gänsegeschnatter geärgert haben, dass er die Gänse kurzerhand schlachten und braten ließ.

Der Weckmann

Ein Gebäck, das vielerorts mit dem Martinsfest verknüpft ist, ist der Weckmann. Er wird auch Stuten- oder Printenkerl genannt und ist ein Mann aus Weißbrotteig. Diese seit altersher zum Martinstag gehörende Leckerei sollte nicht verloren gehen.

Das wird gebraucht:

- 500 g Mehl
- 1 Pä. Hefe
- ¼ l Milch
- 70 g Butter
- 1 Ei
- 100 g Zucker
- 200 g Rosinen
- 1 Prise Salz
- 1 Eigelb zum Einpinseln

So wird's gemacht:

Aus diesen Zutaten wird ein feiner Hefeteig bereitet, der nach dem Aufgehen in fünf gleich große Teile zerschnitten wird, aus denen man die Weckmänner formt, sie dann mit Eigelb bepinselt und goldgelb backt.

Ich geh mit meiner Laterne*

2. Ich geh ...
Der Martinsmann, der zieht voran.
Rabimmel – rabammel – rabumm!

3. Ich geh ...
Wie schön das klingt, wenn jeder singt!
Rabimmel – rabammel – rabumm!

4. Ich geh ...
Ein Kuchenduft liegt in der Luft!
Rabimmel – rabammel – rabumm!

5. Ich geh ...
Beschenkt uns heut, ihr lieben Leut!
Rabimmel – rabammel – rabumm!

6. Ich geh ...
Mein Licht ist aus, ich geh nach Haus.
Rabimmel – rabammel – rabumm!

Martinsgebet*

Lieber heiliger Martin,
du lebst jetzt bei Gott und hörst uns,
wenn wir mit dir sprechen.
Vor langer Zeit hast du gelebt.
Du warst ein großer Freund der Menschen.
Vielen hast du geholfen,
besonders denen, die in Not waren.
Du hast den Menschen von Gott erzählt
und ihnen die gute Botschaft gebracht.
Da wurde ihr Leben ganz hell.
Heiliger Martin,
wenn wir mit unseren Laternen
durch die Straßen ziehen,
denken wir an dich.
Lass uns von dir lernen!
Amen.

Advent ist eine zaubervolle Zeit

Advent

Advent ist eine schöne Zeit, vielleicht die schönste Zeit im Kirchenjahr. Das Wort „Advent“ kommt aus der lateinischen Sprache und heißt Ankunft, Erwartung. Wir denken im Advent daran, dass Jesus wiederkommen und alles gutmachen wird.

Vier Wochen lang bereiten wir uns auf Weihnachten, das Geburtsfest von Jesus, vor. Auf dem Tisch steht ein schön geschmückter Adventskranz. An den vier Adventssonntagen zünden wir jeweils eine neue Kerze an. Immer heller soll es in unseren Herzen werden.

Es ist schön, wenn wir in der Familie um den Adventskranz herum sitzen. Das kann am Abend sein oder am Wochenende, wenn alle da sind. Wir zünden die Kerzen an, singen gemeinsam Lieder, lesen Advents- und Weihnachtsgeschichten vor, erzählen und basteln zusammen.

Der Priester zieht im Advent zum Gottesdienst violette Messkleider an. Die violette Farbe sagt uns, dass jetzt eine Zeit der Besinnung und der Vorfreude beginnt. Wir freuen uns, dass Jesus bald kommt. Wir warten auf ihn.

Im Advent denken wir auch an die Menschen in anderen Teilen der Welt, deren Not oft groß ist. Zahlreiche Organisationen, wie etwa das Hilfswerk Adveniat, wollen diesen Menschen helfen und bitten uns um eine Geldspende.

Macht hoch die Tür

T: Georg Weißel (1590–1650), M: Halle 1704

2. Er ist gerecht, ein Helfer wert.
Sanftmütigkeit ist sein Gefährt,
sein Königskron ist Heiligkeit,
sein Zepter ist Barmherzigkeit;
all unsre Not zum End er bringt;
derhalben jauchzt, mit Freuden singt.
Gelobet sei mein Gott,
mein Heiland groß von Tat.

3. O wohl dem Land, o wohl der Stadt,
so diesen König bei sich hat.
Wohl allen Herzen insgemein,
da dieser König ziehet ein.
Er ist die rechte Freudensonn,
bringt mit sich lauter Freud und Wonn.
Gelobet sei mein Gott,
mein Tröster früh und spat.

Ein Engel kündigt die Geburt Jesu an

Nach einiger Zeit sandte Gott den Engel Gabriel zu Maria. Maria war eine junge Frau in Nazaret, einer kleinen Stadt in Galiläa. Sie war schon früh verlobt. Ihr Verlobter hieß Josef; er war Zimmermann.

Der Engel trat bei Maria ein und begrüßte sie. Er sprach: „Sei gegrüßt, Maria, und freue dich. Denn Gott ist mit dir!"

Maria erschrak sehr, als sie den Engel sah und als sie hörte, was er sagte. Sie verstand nicht, was er meinte, und dachte im Stillen: „Was hat dies zu bedeuten?"

Der Engel sprach weiter: „Fürchte dich nicht, Maria! Gott hat dich auserwählt. Du sollst einen Sohn bekommen und ihm den Namen Jesus geben. Die Menschen werden auf ihn hören, wenn er zu ihnen spricht. Er wird ein König sein und sein Reich wird kein Ende haben."

Maria war sehr verwundert über die Worte des Engels. Sie fragte: „Wie soll das geschehen, dass ich einen Sohn bekomme? Ich habe doch keinen Mann!"

Da antwortete der Engel: „Gottes Heiliger Geist wird über dich kommen. Gottes Kraft wird alles in dir bewirken. Darum wird man dein Kind auch den Sohn Gottes nennen."

Maria hörte still auf das, was der Engel weiter zu ihr sprach: „Schau, auch Elisabet, deine Verwandte, erwartet ein Kind. Dabei dachten alle, dass sie keine Kinder bekommen kann. Glaub mir, für Gott ist nichts unmöglich!"

Da sagte Maria zu dem Engel: „Ja, ich bin zu allem bereit, was Gott mit mir vorhat. Es soll so geschehen, wie du gesagt hast!"
Darauf verließ sie der Engel. Und Maria freute sich auf das Kind, das sie bekommen sollte. Sie wusste: Es ist Gottes Sohn.

Nach Lukas 1,26–38

Der Adventskranz

Zur Adventszeit gehört der Adventskranz. Der evangelische Theologe Johann Hinrich Wichern hat ihn vor über 150 Jahren „erfunden“. Wichern wollte mit den Kindern und Jugendlichen des Rauhen Hauses in Hamburg die Adventszeit feiern. Ein Freund hatte ihm einen riesigen Holzreifen hergerichtet. Darauf waren Kerzen befestigt. Jeden Tag versammelte Wichern die Hausbewohner unter dem Kerzenkranz und sang und betete mit ihnen. Später schmückte er den Kranz mit grünen Zweigen.

Adventssegen

Das Licht deiner Seele leite dich,
damit du lebendig bist
in allem, was du tust.
Gott gebe dir ein reines Herz
und Augen, die segnen, was sie sehen.
Mögest du ein Segen sein für deinen Nächsten
und dein Nächster ein Segen für dich.

Nach einem keltischen Segensgebet

Weihnachten

Markt und Straßen steh'n verlassen,
Still erleuchtet jedes Haus,
Sinnend geh' ich durch die Gassen,
Alles sieht so festlich aus.
An den Fenstern haben Frauen
Buntes Spielzeug fromm geschmückt,
Tausend Kindlein steh'n und schauen,
Sind so wunderstill beglückt.

Und ich wandre aus den Mauern
Bis hinaus in's freie Feld,
Hehres Glänzen, heil'ges Schauern!
Wie so weit und still die Welt!
Sterne hoch die Kreise schlingen,
Aus des Schnees Einsamkeit
Steigt's wie wunderbares Singen –
O du gnadenreiche Zeit!

Joseph von Eichendorff

Bastelidee: Weihnachtswarteband*

Du brauchst zwei Streifen Tonpapier, die 10 cm breit und 25 cm lang sind. Klebe die Streifen an den schmalen Enden zusammen, sodass sie 2 cm übereinanderliegen und zusammen 48 cm lang sind. Wer einen Streifen von 48 cm Länge hat, kann sich die Kleberei ersparen.

Unterteile das Band in 24 gleich große Felder (je 2 cm) und schreibe der Reihe nach bunte Zahlen von 1 bis 24 hinein. Angemalt sieht das Band besonders lustig aus.

Jetzt brauchst du noch eine Wäscheklammer (am besten aus Holz), die du zum Beispiel mit einem Nikolaus oder mit einem Tannenbaum aus Tonpapier oder bemalter Pappe beklebst. Hänge das Warteband an die Wand und rücke die Wäscheklammer jeden Morgen ein Feld weiter!

Adventspunsch schmeckt toll*

Wie wär's mit einem Adventspunsch, wenn du mit deinen Freunden gemütlich zusammensitzt und Gebäck knabberst?

Das wird gebraucht:

- ★ 2 TL Malven- oder Hagebuttentee
- ★ 1 EL Kandiszucker
- ★ ½ Zimtstange
- ★ ½ TL Nelken
- ★ 650 ml Wasser
- ★ 4 Orangen
- ★ ½ Zitrone

So wird's gemacht:

Tee, Zimt, Nelken und Kandiszucker mit kochendem Wasser aufgießen, 5 bis 10 Minuten ziehen lassen, durch ein Teesieb gießen, Orangen- und Zitronensaft dazugeben, heiß servieren!

Adventsklopfen

In früheren Zeiten zogen die Kinder in der Adventszeit um die Häuser. Sie waren ausgerüstet mit kleinen Hämmerchen oder Ruten und schlugen damit gegen die Türen der Leute. Dabei sangen sie ein Weihnachtslied und baten dann um Plätzchen, Nüsse oder ein paar Groschen. Dieser jahrhundertealte Brauch des Adventsklopfens geht auf die Zeit des Mittelalters zurück. Damals klopften die Menschen an die Türen der Nachbarn, um festzustellen, ob noch jemand im Haus am Leben sei.

Bauernregel

Wird's am ersten Advent erst kalt,
hält das Eis zehn Wochen bald.

Adventsgebet*

Lieber Gott,
Advent ist eine schöne Zeit.
Auf dem Tisch steht der Adventskranz.
Wir zünden die Kerzen an
und singen viele Lieder zusammen:
Advents- und Weihnachtslieder.
Wir bereiten uns so
auf Weihnachten vor.
Wir wissen: Jesus kommt bald.
Er ist unser Heiland.
Er macht alles gut.
Ich freue mich auf Weihnachten.
Amen.

Barbara, Nikolaus, Luzia – Heilige im Advent

Barbara (4. Dezember)

Barbara, so erzählt die Legende, war ein schönes junges Mädchen in Nikomedien (Kleinasien). Ihr Vater liebte sie sehr und wollte sie ganz für sich besitzen. Alle Männer, die an seinen Hof kamen, um Barbara zu heiraten, schickte er weg.

Auch von Gott wollte Barbaras Vater nichts wissen. Als er eines Tages auf Reisen ging, ließ er seine Tochter in einen Turm einsperren, damit sie während seiner Abwesenheit niemanden treffen konnte.

Doch Barbara hörte nicht auf ihren Vater. Sie hatte schon lange von Jesus Christus gehört und wollte gerne Christin werden. Darum ließ sie in dieser Zeit einen Priester kommen und bat um die Taufe. Mit ihren Fingernägeln, so wird erzählt, ritzte sie ein Kreuz in eine Wand ihres Turmes.

Als Barbaras Vater von der Reise zurückkam, durchschaute er sofort, was geschehen war. Die Liebe zu seiner Tochter verwandelte sich in großen Hass. Der wütende Vater schleppte Barbara vor den Richter. Sie wurde grausam gequält, zum Tode verurteilt und schließlich vom eigenen Vater enthauptet.

Viele beten zur heiligen Barbara, damit sie einen guten Tod haben. Die Bergleute verehren sie als ihre Schutzpatronin. Barbaras Festtag ist am 4. Dezember.

Blühende Zweige – ein schöner Brauch

In vielen Familien gibt es den schönen Brauch, am Fest der heiligen Barbara Forsythien- oder Kirschzweige ins Haus zu holen. Diese Zweige legt man über Nacht in lauwarmes Wasser. Danach werden sie in eine Vase gestellt, wobei das Wasser alle drei Tage zu wechseln ist. Durch die Wärme schlagen die Knospen aus. An Weihnachten erscheinen die Blüten. Sie sind ein schönes Zeichen für die Geburt Christi.

Dieser Brauch geht zurück auf eine Legende aus dem Leben der heiligen Barbara. Auf dem Weg ins Gefängnis soll sich ein Kirschzweig in ihrem Kleid verfangen haben. Sie nahm ihn mit in ihre Zelle. Der Zweig blühte genau an dem Tag auf, an dem Barbara zum Tod verurteilt wurde. Vorher soll sie noch gesagt haben:

„Du sahst aus wie tot, als ich dich fand.
Nun bist aufgeblüht zum Leben.
So ist es auch mit meinem Tod.
Ich werde erblühen zu neuem, ewigem Leben.“

Nikolaus (6. Dezember)

Nikolaus war im 4. Jahrhundert Bischof von Myra in Kleinasien. Das war damals eine sehr schwere Aufgabe, denn viele Christen wurden von dem heidnischen Kaiser Diokletian verfolgt. Trotzdem verbreitete Nikolaus mutig den Glauben an Christus.

Bischof Nikolaus war ein sehr gütiger Mensch. Er half vielen armen Menschen. Besonders kümmerte er sich um die, die in Not und Gefahr waren. Viele Legenden erzählen davon. Einmal half er einigen Seeleuten auf dem Meer. Ihr Schiff war durch Wasser und Wind in Not geraten. Nikolaus rettete die Matrosen vor dem Ertrinken. Als sich diese bei ihm bedanken wollten, sagte er: „Nicht ich, sondern euer Glaube und Gottes Gnade haben euch geholfen."

Auch drei Mädchen half der heilige Nikolaus. Ihr Vater hatte kein Geld, um sie zu ernähren. Da wollte er sie auf die Straße schicken. Hier sollten sie Geld verdienen. Nikolaus hatte Mitleid und warf den Mädchen in drei Nächten drei Beutel mit Goldstücken durchs Fenster. Wenig später konnten die Mädchen heiraten.

Am 6. Dezember feiern wir den Nikolaustag. Zur Erinnerung an den heiligen Bischof kommt an diesem Tag der Nikolaus in die Familien und beschenkt die Kinder.

Lasst uns froh und munter sein*

Volksgut

2. Dann stell ich den Teller auf,
Niklaus legt gewiss was drauf.
Lustig, lustig, trallerallera,
bald ist Niklausabend da,
bald ist Niklausabend da.

3. Wenn ich schlaf, dann träume ich:
Jetzt bringt Niklaus was für mich.
Lustig, lustig, trallerallera,
bald ist Niklausabend da,
bald ist Niklausabend da.

4. Wenn ich aufgestanden bin,
lauf ich schnell zum Teller hin.
Lustig, lustig, trallerallera,
bald ist Niklausabend da,
bald ist Niklausabend da.

5. Niklaus ist ein guter Mann,
dem man nicht g'nug danken kann.
Lustig, lustig, trallerallera,
bald ist Niklausabend da,
bald ist Niklausabend da.

Lieber heiliger Nikolaus*

Lieber heiliger Nikolaus,
komm doch auch in unser Haus!
Bring uns, was wir hätten gern:
Äpfel, Nüss und Mandelkern.
Leg in Schuh und Teller ein
lauter Dinge, die uns freun.

Lieber heiliger Nikolaus,
komm doch bald in unser Haus.
Lehr uns an die Armen denken,
lass uns teilen und verschenken.
Zeig uns, wie man fröhlich gibt,
wie man hilft und wie man liebt.

Lieber heiliger Nikolaus,
komm doch heut in jedes Haus.
Alle Kinder, groß und klein,
stimmen dann voll Freude ein:
Gott sei Dank für alle Gaben,
die wir heut empfangen haben.

Helfer in großer Hungersnot

Nikolaus war Bischof in der Stadt Myra, als, wie die Legende berichtet, eine große Hungersnot ausbrach. Es hatte viele Monate nicht geregnet. Die Pflanzen auf den Feldern waren vertrocknet, und es wuchs kein Getreide mehr. Das ganze Korn aus den Vorratsspeichern war aufgebraucht.
Da legten eines Tages fremde Schiffe im Hafen von Myra an. Sie waren mit Getreide schwer beladen. Die Seeleute wollten in Myra frisches Trinkwasser an Bord holen. Die hungernden Menschen liefen sofort zum Hafen und bettelten um Getreide, aber die Seeleute wollten ihnen nichts geben. Darauf eilten die Menschen zu ihrem Bischof Nikolaus. Dieser ging mit ihnen zum Hafen und verhandelte mit den Seeleuten. Aber die sagten: „Wir müssen das ganze Korn bei unserem Kaiser abgeben. Tun wir es nicht, dann lässt er uns ins Gefängnis werfen."

Da antwortete Bischof Nikolaus: „Ihr könnt uns guten Gewissens Korn hierlassen. Was ihr für die hungrigen Menschen tut, das wird euch nicht zum Schaden werden. Gott selbst wird alle eure Schiffe wieder füllen, bis ihr beim Kaiser ankommt."
Die Seeleute ließen sich erweichen und fingen an, reichlich Korn für die Hungernden auszuladen. Bischof Nikolaus selbst verteilte es, damit jeder gleich viel bekam. Einen Teil des Korns ließ er als Saatgut für die Felder zurück. Mit dem Rest backten die Leute Brot und wurden endlich wieder satt.

Nikolausspiel: Wir packen den Nikolaussack

Dieses Spiel ist als Familienspiel oder als Spiel unter guten Freunden sehr geeignet. Wenn wir uns gegenseitig gut kennen, wissen wir, welche Geschenke wirklich für die verschiedenen Personen passend und nötig sind. Zum Beispiel kann man liebevollerweise ideelle Geschenke hineinpacken wie gute Laune, eine schnupfenfreie Nase, eine gute Mathearbeit.
Der Spielleiter beginnt: „Der Nikolaus packt für Oma Wolle in den Sack."

Der nächste Spieler wiederholt den vorhergehenden Satz und fügt hinzu: „... und für Mutter einen erholsamen Saunaabend."
Wer die Wunschkette nicht fehlerfrei wiederholen kann, muss ein Pfand geben.

Nikolausgebet*

Lieber Gott,
am 6. Dezember feiern wir
das Fest des heiligen Nikolaus.
Nikolaus hat vor vielen Jahren gelebt.
Er hat Menschen geholfen,
die in Not waren.
Er hat denen, die Hunger hatten,
Brot gegeben.
Er hat den Armen Geschenke gebracht.
Er hat die Traurigen getröstet.
Besonders hat er die Kinder geliebt.
Auch ich möchte für andere da sein.
Ich will mir überlegen,
was ich tun kann,
um ihnen eine Freude zu machen.
Amen.

Luzia (13. Dezember)

Die heilige Luzia wurde um das Jahr 300 nach Christus auf Sizilien geboren. Sie entstammte einer reichen Familie und glaubte an Christus. Zu dieser Zeit wurden die Christen verfolgt, verhaftet und getötet. Deshalb trafen sie sich heimlich in den Katakomben zum Gottesdienst oder versteckten sich dort.

Die Legende erzählt, dass die heilige Luzia diese Menschen mit Lebensmitteln versorgte. Um die Hände zum Tragen und Verteilen der Speisen frei zu haben, setzte sie sich einen Kranz aus Lichtern auf den Kopf.

Luzias Eltern wollten sie mit einem reichen Mann verheiraten. Luzia aber wollte Menschen in Not helfen und auf allen Reichtum verzichten. Sie löste die Verlobung.

Aus der Liebe des jungen Mannes wurde Hass. Er verriet Luzia an den Kaiser und der ließ sie hinrichten. Das Fest der heiligen Luzia feiern wir am 13. Dezember.

Geschenke für die Hungrigen

Vor vielen, vielen Jahren herrschte in Schweden eine große Hungersnot. Der Sommer und die Ernte waren schlecht gewesen, sodass die Menschen im folgenden Winter nichts mehr zu essen hatten. Am schlimmsten betroffen war das Gebiet um den Väner-See.

Eines Tages sahen die Hungernden ein Schiff. Sie waren sehr erstaunt, dass an Bord des Schiffes ein Mädchen war, das ganz von Licht umstrahlt war – es war die heilige Luzia.

Luzia lud die Menschen ein, an Bord zu kommen, und beschenkte sie mit den allerbesten Lebensmitteln: mit Getreide, Fleisch, Brot und Schinken.

Als die Leute genug gegessen hatten, gingen sie von Bord und das Schiff fuhr weiter zum nächsten Ufer. Auch dort warteten schon viele Menschen. Alle Hungrigen am Väner-See und drumherum wurden von Luzia beschenkt und gesättigt.

Luzialicht fürs Fenster

Luzia bedeutet so viel wie „die Lichtbringerin“. In manchen Familien nehmen die Kinder am Luziatag ein altes Einmachglas und bekleben es mit vielen bunten Schnipseln aus Transparentpapier. Am Abend stellen sie das Glas mit einem Teelicht ins Fenster. Über dieses Luzialicht freuen sich alle, die in der Dunkelheit unterwegs sind und am Fenster vorbeigehen.

Weihnachtsbäckerei

Die Lieblingsäpfel der Kinder*

Draußen ist es kalt, bitter kalt. Drinnen in der warmen Stube ist es so richtig gemütlich. Zwei Kinder sitzen dort, Benjamin und Lea, und schauen vom Fenster aus voller Freude den wirbelnden und tanzenden Schneeflöckchen zu.

Die Mutter hat das Feuer im Kachelofen von Neuem angeschürt und legt nun klammheimlich zwei rotwangige Äpfel in die Ofenröhre. „Da“, murmelt sie leise vor sich hin, „bleibt nur liegen, ihr kleinen Dinger, ihr sollt zwei Bratäpfelchen für meine beiden Wildfänge werden.“

Als sie aus dem Zimmer gegangen ist, wird es den beiden Äpfelchen in der Ofenröhre recht warm. „Du“, flüstert das eine dem anderen zu, „ich fange hier im Ofen vielleicht an zu schwitzen. Puh! Geht es dir nicht auch so?“

„O ja“, meint das andere, „mein gelbes Kleid ist schon ganz nass.“ Dabei zischt es so laut, dass die beiden Kinder aufmerksam werden, zum Ofen laufen und nun in der Röhre die beiden Äpfelchen erblicken. Jubelnd klatschen sie in die Hände und rufen: „Juchhu, Bratäpfelchen, die essen wir doch so gern!“

Zisch, zisch, geht es da wieder in der Röhre, und Benjamin sagt: „Das ist die Sprache der Äpfel. Lass uns mal hören, was die beiden sich erzählen.“

„Zisch, zisch“, singt das eine, „ich hing an einem großen Apfelbaum in einem großen Garten voller bunter Blumen. Dort spielten täglich viele Kinder. Einige hatten einen bunten Reifen und warfen ihn sich zu, andere fuhren auf den breiten Wegen in hübschen kleinen Wagen ihre Puppen spazieren. Aber bald, als der Herbst kam, legte der Gärtner eine lange Leiter an meinen Baum und pflückte die reifen Äpfel. Auch mich löste er vom Ast und steckte mich mit meinen Gefährten in einen großen Sack, der auf einen Wagen geladen und auf den Markt gefahren wurde. Dort wurden wir alle in einen Korb geschüttet. Eine Frau ging vorüber, sah mich dort liegen und kaufte mich für ihre Kinder. Gewiss war diese Frau eure Mutter!“

„Zisch, zisch“, ruft da das zweite Äpfelchen, „ich kann auch eine schöne Geschichte erzählen. Ich hing auch an einem Apfelbaum. Da die Sonne so warm auf mich schien, bekam ich ein ganz glänzendes gelbes Kleidchen und ein kräftiges rotes Bäckchen. Das sah auch ein netter kleiner Vogel. Er kam täglich zu unserem Baum geflogen, setzte sich auf den Zweig, an dem ich hing, ganz nahe zu mir und sang mir klangvolle Lieder vor. Ich hörte still seinem Gesang zu und wusste, dass er für mich sang. Der kleine Vogel blickte mich dann mit seinen Augen so freundlich an, dass mein rotes Bäckchen vor Freude immer schöner und feuriger wurde. So wurden wir beide dann sehr gute Freunde. Wenn das Vögelchen bei mir auf dem Baum saß, dann schaukelte ich mich vor Lust an meinem Zweig, und die kleinen Kinder kamen und sahen es und sagten: ‚Seht nur, wie das rote Äpfelchen tanzen kann!‘ Das war eine herrliche Zeit! Dann aber nahm mich der Gärtner vom Baum, und ich weiß nun nicht, was aus meinem kleinen Vogel geworden ist. Gewiss ist er ganz traurig. Wir Äpfel aber kamen dann alle zu den Menschen, zu euch, damit ihr euch freut, wenn wir bei euch sind und ihr uns essen könnt!“

„Zisch, zisch, zisch“, erklingt es in der Ofenröhre, und auch das zweite Äpfelchen ist fertig gebraten. Die Mutter kommt ins Zimmer, nimmt die gebratenen Äpfel aus dem Ofen und gibt sie den beiden Kindern. Während sie sie essen, denken Lea und Benjamin an den kleinen Vogel und an den warmen Sonnenschein und an all die schönen Sommererinnerungen, die die Äpfel ihnen erzählt haben.

Der Bratapfel*

Kinder, kommt und ratet,
was im Ofen bratet!
Hört, wie's knallt und zischt.
Bald wird er aufgetischt,
der Zipfel, der Zapfel,
der Kipfel, der Kapfel,
der gelbrote Apfel.

Kinder, lauft schneller,
holt einen Teller,
holt eine Gabel!
Sperrt auf den Schnabel
für den Zipfel, den Zapfel,
den Kipfel, den Kapfel,
den goldbraunen Apfel!

Sie pusten und prusten,
sie gucken und schlucken,
sie schnalzen und schmecken,
sie lecken und schlecken
den Zipfel, den Zapfel,
den Kipfel, den Kapfel,
den knusprigen Apfel.

Volksgut

Wir braten Äpfel

Das wird gebraucht:

★ 1 bis 2 Äpfel pro Person
★ Korinthen
★ Marmelade
★ Mandeln

So wird's gemacht:

Wir reiben zuerst die Äpfel trocken ab, stechen das Kerngehäuse heraus und füllen die Äpfel mit Korinthen und Marmelade. Dann schneiden wir die Mandeln in kleine Stifte und stechen sie in die Apfelschale. Anschließend lassen wir die Äpfel etwa 20 Minuten im Backofen backen. Wir können auch eine andere „Füllung" nehmen. Der Fantasie und dem Geschmack sind keine Grenzen gesetzt.

Wir backen einen Weihnachtsstollen

Das wird gebraucht:

- 500 g Mehl
- 20 g Hefe
- knapp ¼ l Milch
- 170 bis 200 g Butter oder Margarine
- 50 bis 80 g Zucker
- 1 bis 2 Eier
- 1 Prise Salz
- 60 g Rosinen
- 60 g Sultaninen
- 60 g geschälte, in Würfelchen geschnittene Mandeln oder Nüsse
- nach Belieben etwas Zitronat oder Orangeat

So wird's gemacht:

Man knetet aus den Zutaten einen schönen, glatten Teig. Dann formt man daraus einen längeren Laib, lässt ihn auf dem Blech gehen, schneidet kurz vor dem Backen in der Mitte eine Linie ein, bestreicht die ganze Oberfläche mit Ei oder Milch und backt den Stollen bei guter Hitze etwa 1 ¼ Stunden.

Oder: Man lässt den Teig nach dem Kneten gut gehen, nimmt ihn dann auf das mit Mehl bestäubte Backbrett, wellt ihn zu einem runden Stück aus, schlägt ihn zur Hälfte zusammen, bestreicht ihn mit Butter und backt ihn hellbraun. Nach dem Backen wird er noch heiß mit Butter bestrichen und dick mit Puderzucker bestreut.

Woher stammt der Weihnachtsstollen?

Der Weihnachtsstollen soll seinen Ursprung in der niederländischen Provinz Friesland haben. Schon zur Römerzeit wurde dort in den Klosterbäckereien eine Art Weihnachtsbrot mit Rosinen und Mandeln hergestellt, das unserem heutigen Weihnachtsstollen ähnlich war.

„Mein ganzes Haus riecht nach Kuchen"

Heiligenstadt, 20. Dezember 1856

Es wird Weihnachten! Mein ganzes Haus riecht schon nach braunem Kuchen – versteht sich nach Mutters Rezept –, und ich sitze sozusagen schon seit einer Woche im Scheine des Tannenbaums.

Ja, wie ich den Nagel meines Daumens besehe, so ist auch der schon halbwegs vergoldet. Denn ich arbeite jetzt abends nur in Schaumgold, Knittergold und bunten Bonbonpapieren; und während ich Netze schneide und Tannen- und Fichtenäpfel vergolde und die Frauen, das heißt meine Frau und Röschen, Lisbeths Puppe ausputzen, liest Onkel Otto uns die „Klausenburg" von Tieck vor oder gibt hin und wieder eine Probe aus den Bilderbüchern, die Hans und Ernst auf den Teller gelegt werden sollen. Gestern Abend habe ich sogar Mandeln und Zitronat für die Weihnachtskuchen schneiden helfen, auch Kardamom dazu gestoßen und Hirschhornsalz. Den Vormittag war ich stundenlang auf den Bergen in den Wäldern herumgeklettert, um die Tannenäpfel zu suchen. Ja, ihr hättet mich sogar in meinem dicken Wintermantel hoch oben in einer Tannenspitze sehen können.

Jeden Morgen kommt der Postbote und bringt ein Päckchen oder einen Brief aus der Heimat oder aus der Fremde von Freunden. Die Weihnachtszeit ist doch noch gerade so schön, wie sie in meinen Kinderjahren war.

Theodor Storm
an seine Eltern

Gefüllte Kokosmakronen

Das wird gebraucht:

- ★ 3 Eiweiß
- ★ 280 g Puderzucker
- ★ 220 g geröstete Kokosflocken
- ★ 120 g Butter
- ★ 1 Päckchen Vanillezucker
- ★ 50 g Nüsse
- ★ 1 Rippe Blockschokolade
- ★ Backoblaten
- ★ Schokoglasur

So wird's gemacht:

Eiweiß mit 180 g Puderzucker steif schlagen und mit den gerösteten Kokosflocken vermengen (ohne Fett die Kokosflocken gut durchrösten, aber nicht braun werden lassen). Mit einem Teelöffel kleine Häufchen formen und bei 150 °C hell backen.

Für die Creme Butter, 100 g Puderzucker, Vanillezucker, Nüsse und erweichte Schokolade sehr schaumig rühren.

Die Creme auf Oblaten streichen, Kokosmakronen darauflegen, in Schokoglasur tauchen.

Lebkuchen

Das wird gebraucht:

- ★ 500 g brauner Zucker
- ★ 4 Eier
- ★ 4 EL Honig
- ★ 2 EL Rum
- ★ 1 Päckchen Lebkuchengewürz
- ★ geriebene Zitronenschale
- ★ geriebene Orangenschale
- ★ 1 EL Natron
- ★ 250 g geriebene Nüsse
- ★ 600 g Roggenmehl

So wird's gemacht:

Eier, braunen Zucker, Honig, Rum und Gewürze gut schaumig schlagen. Über Nacht stehen lassen. Dann Mehl, Natron und Nüsse dazugeben. Teig kneten und anschließend ausrollen. Formen ausstechen, mit Ei bestreichen und hell backen. Backzeit ca. 5 bis 10 Minuten bei 180 °C. Die Lebkuchen können sofort gegessen werden.

Vom Honigkuchenmann*

Keine Puppe will ich haben –
Puppen gehn mich gar nichts an.
Was erfreun mich kann und laben,
Ist ein Honigkuchenmann,
So ein Mann mit Leib und Kleid,
Durch und durch von Süßigkeit.

Stattlicher als eine Puppe
Sieht ein Honigkerl sich an,
Eine ganze Puppengruppe
Mich nicht so erfreuen kann.
Aber seh ich recht dich an,
Dauerst du mich, lieber Mann.

Denn du bist zum Tod erkoren –
Bin ich dir auch noch so gut,
Ob du hast ein Bein verloren,
Ob das andre weh dir tut:
Armer Honigkuchenmann,
Hilft dir nichts, du musst doch dran!

Hoffmann von Fallersleben

Lustiges aus der Weihnachtsbäckerei*

Susi sieht ihrer Mutter bei der Weihnachtsbäckerei zu. „Warum bist du denn so still, wenn du backst?", will die Kleine wissen.
„Ja, was soll ich denn sagen?"
„Na, zum Beispiel: Willst du nicht einmal von den Plätzchen kosten, Susi?"

„Das ist ja unglaublich!", schimpft die Mutter. „Du hast ja alle Plätzchen aufgegessen, David. Hast du denn überhaupt nicht an deinen Bruder gedacht?"
„Doch, Mama, ich hatte furchtbare Angst, er könnte kommen, bevor ich fertig bin."

Wir spielen und raten

Wer sammelt die meisten Nüsse?

Wir legen mit einem Wollfaden einen Kreis von ungefähr 20 Zentimetern Durchmesser auf den Boden. Diesen Kreis füllen wir anschließend dicht mit Walnüssen auf.

Jeder Mitspieler bekommt außerdem fünf Walnüsse in die Hand. Die Spieler lassen nun reihum eine Nuss aus etwa einem Meter Höhe auf die Nüsse in dem Kreis fallen.

Jeder Spieler sammelt nach seinem Wurf die Nüsse auf, die aus dem Kreis gesprungen sind. Er darf sie behalten.

Sieger ist der Spieler, der zum Schluss die meisten Walnüsse gesammelt hat.

Vor dem Spiel wird festgelegt, wie viele Runden gespielt werden sollen (zum Beispiel fünf). In jeder neuen Runde sollte ein anderer Spieler anfangen.

Übrigens: Das Spiel wird umso schwieriger, je weniger Nüsse noch im Kreis liegen.

Adventliches Buchstabenspiel

Wir sitzen um den Tisch herum. Jeder hat einen Zettel mit einem Bleistift vor sich. Nun versuchen wir, für jeden Buchstaben unseres Vornamens einen Gegenstand aus der adventlich geschmückten Wohnung zu finden, der mit Weihnachten zusammenhängt.

Es kommt dabei nicht auf die Schnelligkeit an, sondern darauf, wirklich in der ganzen Wohnung (auch in der Küche und im Keller) nach weihnachtlichen Gegenständen zu suchen.

Beispiel:

Michael findet:

M	=	Marzipan
I	=	Ingwerplätzchen
C	=	Christbaumschmuck
H	=	Hirte (auf einem Bild oder als Krippenfigur)
A	=	Apfelmännchen
E	=	Engel
L	=	Lametta

Wenn dieses Spiel als Wettspiel gespielt wird, müssen die Namen die gleiche Anzahl Buchstaben haben.

Wer wird Rätselkönig?

Dieses Adventsrätsel muss ein Spieler vorbereiten. Er schreibt auf einen Zettel eine Reihe von Fragen, die mit der Adventszeit zusammenhängen. Zum Beispiel: „Vor wie langer Zeit wurde Jesus geboren?“ oder: „Wann ist Winteranfang?“ Natürlich notiert er sich auch die Antworten.

Der Spieler setzt sich dann mit allen, die bei dem Rätsel mitmachen wollen, an einen Tisch. Langsam liest er die Fragen vor. Wer als Erster die richtige Antwort weiß, bekommt eine Nuss.

Rätselkönig ist der Spieler, der am Schluss die meisten Nüsse gewonnen hat.

Wir raten Weihnachtsgegenstände

Die Familie geht durch die adventlich geschmückte Wohnung, und ein jeder merkt sich Gegenstände, die mit Weihnachten zu tun haben. Dann beginnt der erste Spieler, einen Gegenstand zu beschreiben, den die anderen erraten müssen.

Beispiele:

- ★ Es hat viele Türchen, ist aber kein Haus.
- ★ Viele bunte Figuren drehen sich herum, aber keine bewegt sich von der Stelle. Wenn es kalt wird, bleiben sie alle stehen.

Lösung: Adventskalender, Weihnachtspyramide

*Silbenrätsel**

Wenn du die Silben richtig zusammensetzt, erfährst du, was Kinder in der Adventszeit gern machen.

FLÖ	STELN	GEN	KLE	MA
BA	SIN	TEN	LEN	BEN
AUF	MEN	TRÄU	SEN	LE

Lösung: flöten, singen, basteln, aufkleben, malen, träumen, lesen

Ein Kopf für zwölf Dinge*

Schau dir die zwölf Wörter genau an! Du sollst ein Wort finden, das du vor alle zwölf Dinge setzen kannst. Sie bekommen dann einen ganz neuen Sinn.

Insel	Mann	Geschenk	Krippe
Stern	Baum	Lied	Gebäck
Abend	Tag	Zeit	Feier

Lösung: Weihnachts-Insel, Weihnachts-Stern, Weihnachts-Abend …

Füllrätsel

A A B B B C C E E E E F H H I I I L L N P R R R S S S S U V

Diese Buchstaben sind derart in die Figur einzusetzen, dass in den waagrechten Reihen sechs Wörter folgender Bedeutung entstehen:

1. Ulk, 2. deutscher Zeichner und Dichter (1832–1908), 3. Fischeier, 4. Krankheitserreger (Mehrzahl), 5. inneres Organ, 6. Poststück.

Bei richtiger Lösung ergeben die Buchstaben entlang der Punktlinien (jeweils von oben nach unten gelesen) eine besondere Freude für Skifahrer.

1				
2				
3				
4				
5				
6				

Lösung:
1. Spass, 2. Busch, 3. Laich, 4. Viren, 5. Leber, 6. Brief – PULVERSCHNEE

*Was ist das?**

1. In der Luft, da fliegt's,
   auf der Erde, da liegt's,
   auf dem Baum, da sitzt's,
   in der Hand, da schwitzt's,
   auf dem Ofen zerläuft's –
   wer gescheit ist, begreift's!

2. Wie heißt das Glöckchen
   im weißen Röckchen?
   Es wächst im Schnee
   schön in die Höh'?

Lösung: 1. Schnee, 2. Schneeglöckchen

*Weißt du es?**

1. Jesus ist in Nazaret aufgewachsen. In welcher Stadt ist er geboren?

a) Jerusalem

b) Nazaret

c) Betlehem

2. Die Mutter Jesu war mit Josef verheiratet. Welchen Beruf hatte Josef?

a) Hirte

b) Zimmermann

c) Steuereintreiber

3. Der Name Jesus bedeutet „Gott mit uns“. Welches Wort sagt das ebenfalls?

a) Messias
b) Immanuel
c) Christus

4. Welche Menschen erfuhren zuerst, dass Jesus geboren ist?

a) weise Männer
b) Hirten der Gegend
c) König Herodes

5. Engel verkündeten die Frohe Botschaft der Geburt Jesu. Welche Bedeutung hat das Wort „Engel“?

a) Bote
b) Erscheinung
c) Schwertträger

6. Nach der Geburt Jesu wollte König Herodes das Neugeborene töten lassen. Josef und Maria mussten fliehen. In welches Land flohen sie?

a) Syrien
b) Irak
c) Ägypten

Lösung: 1. c), 2. b), 3. b), 4. b), 5. a), 6. c)

*Weihnachtslieder**

Bei den folgenden Weihnachtsliedern ist etwas durcheinandergeraten.
Wie müssen sie richtig heißen?

1. Schneeflöckchen, Weißröckchen,
wann wirst du gescheit?

2. Leise rieselt der Schnee
still und starr auf den Klee.

3. O Tannenbaum, o Tannenbaum,
wie übel ist das Wetter.

Lösung: 1. Schneeflöckchen, Weißröckchen, / wann kommst du geschneit?; 2. Leise rieselt der Schnee, / still und starr ruht der See.; 3. O Tannenbaum, o Tannenbaum, / wie grün sind deine Blätter.

Basteln und Schenken

Weihnachtsschmuck aus Naturmaterialien

Das wird gebraucht:

- ★ Bucheckernkapseln, kleine Zapfen von Kiefern, Lerchen und Erlen
- ★ Styroporkugeln, 4 bis 7 cm Durchmesser
- ★ Goldfarbe,
- ★ Goldfaden oder Seidenband

So wird's gemacht:

Styroporkugeln mit Goldfarbe besprühen oder anmalen. Als Aufhänger Goldfaden oder Seidenband durchziehen. Mit einem Pfriem oder einer dicken Stopfnadel ringsherum Löcher einstechen, dort die verschiedenen Zapfen entweder naturbelassen oder vergoldet mit einem Tropfen Kleber hineinstecken. Die Innenseiten der Bucheckern kann man rot bemalen, das sieht auf goldenen Kugeln sehr festlich aus.

Ein anderer Vorschlag: Auf weiße Styroporkugeln grüne getrocknete Erbsen kleben, Aufhänger einziehen und alles golden besprühen.

Perlensternchen für den Christbaum

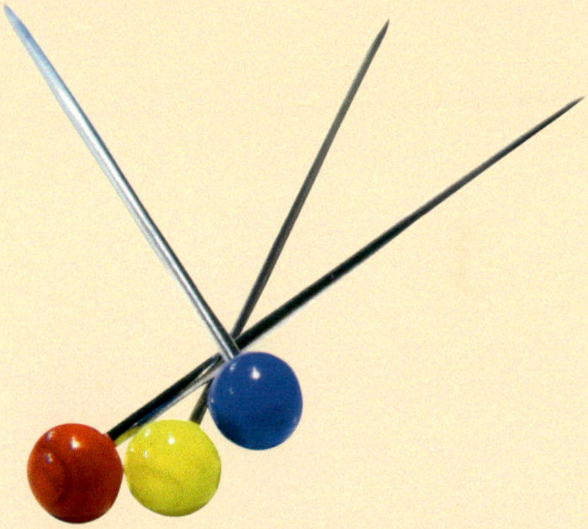

Das wird gebraucht:

- ★ Weinflaschenkorken
- ★ Stecknadeln mit bunten Köpfchen
- ★ kleine Holzperlen in verschiedenen Farben
- ★ Garn

So wird's gemacht:

Den Korken in Scheiben schneiden, ungefähr ½ cm dick. Auf die Stecknadeln die Holzperlen reihen und die fertigen Spießchen strahlenförmig in gleichmäßigen Abständen in die Korkscheibchen stecken. Den Fadenaufhänger an einem der Strahlen befestigen – fertig ist der Perlenstern!

Sprießender Zapfen*

Vielleicht hast du irgendwo in deinen gesammelten Schätzen noch einen (oder mehrere) Tannen- oder Kiefernzapfen. Dann kannst du einmal etwas ausprobieren:

Du steckst den Zapfen in einen Blumentopf mit Erde. Dann streust du in die Öffnungen Gras-, Kresse- oder Weizensamen. Wenn du den Zapfen nun ab und zu begießt, sprießt er nach einer Weile. Das sieht sehr witzig aus!

Vielleicht möchtest du so einen Zapfen zu Weihnachten verschenken?

Ein selbst bemalter Teller*

Suchst du noch eine Geschenkidee für Weihnachten? Wie wär's mit einem selbst bemalten Teller? Du brauchst dazu: einen einfachen Porzellanteller, einen feinen Pinsel und Emaillefarbe.

Du überlegst dir ein schönes Motiv, mit dem du den Teller bemalen willst. Du kannst zum Beispiel den Rand mit einem Zackenmuster versehen oder auch ein Motiv in die Mitte setzen. Das Motiv zeichnest du am besten mit einem dünnen Filzstift vor.

Jetzt trägst du die Emaillefarbe auf. Dann legst du den Teller in den Backofen. Achte dabei auf die Gebrauchsanweisung: bei wie viel Grad die Farbe eingebrannt wird, wie lange es dauert … Wenn du auf den fertigen Teller noch ein paar Süßigkeiten legst, hast du ein wunderschönes Weihnachtsgeschenk!

Eiskerze für die Terrasse*

Du nimmst einen kleinen Eimer oder einen Blumentopf und füllst ihn mit Wasser. Ist es kalt genug, kannst du das Wasser draußen gefrieren lassen. Sonst kommt das Gefäß in die Kühltruhe. Wenn das Wasser gefroren ist, kannst du es wie einen Kuchen aus dem Gefäß stürzen. In das Eis schneidest du nun oben eine kleine runde Vertiefung, in die du ein Teelicht stellst. Draußen auf der Fensterbank oder auf der Terrasse gibt deine Eiskerze ein schönes Adventslicht.

Bau eine Vogelfutterglocke!*

In einen Blumentopf legst du zuerst ein Stäbchen, an dem ein Bindfaden befestigt ist. Der Faden wird durch das Loch am Boden geführt (als Aufhängung, Loch verkleben).
Nun gibst du erwärmten Rindertalg, der mit Sonnenblumenkernen oder anderem Vogelfutter gemischt ist, in den Topf, lässt die Masse erstarren und hängst die Glocke an einen Baum.

Die Geschichte vom roten Faden*

In einem Dorf wohnten nur sehr arme Menschen. Sie hatten oft nicht das Nötigste, um leben zu können. Als es wieder einmal Winter wurde, klagte ein alter Mann über die Kälte. Alle wussten, dass dieser Mann schon lange keine Jacke mehr besaß. Doch niemand war imstande, ihm eine solche zu stricken. Es fehlte schlicht und einfach am Material.

Da hatte eine Frau im Ort eine Idee: Jeder Dorfbewohner solle ihr einen Faden bringen, damit sie dem alten Mann eine Jacke stricken könne. Damit sie aber nicht allzu viele verschiedene Farben zusammenbekomme, möge jeder seinen Faden im Saft der Roten Bete, dem Hauptnahrungsmittel des Dorfes, tränken.

Alle machten mit und brachten der Frau einen roten Faden. Diese fing gleich an zu stricken. Und noch vor Beginn des kalten Winters hatte der alte Mann eine Jacke.

Überliefert

Schenken heißt,
einem anderen das geben,
was man selber gerne
behalten möchte.

Selma Lagerlöf

Die Geburt Jesu in Betlehem
ist keine einmalige Geschichte,
sondern ein Geschenk,
das ewig bleibt.

Martin Luther

Geschenke, die nichts kosten

Geschenke müssen nicht immer Geld kosten. Es gibt auch Geschenke, die nichts kosten und trotzdem viel Freude machen. Hier sind eine paar Geschenkideen:

- öfter mal ein gutes Wort sagen
- einen Fehler eingestehen
- die Leistung eines anderen loben
- einen Gruß freundlich erwidern
- Fröhlichkeit verbreiten
- nicht gleich beleidigt sein
- Versprochenes halten
- sich selbst nicht so wichtig nehmen
- für einen guten Rat dankbar sein

Liebes Christkind!*

„Meine Großmutter sagt immer, Geben sei seliger als Nehmen. Deshalb erwarte ich das Gleiche von dir.“

„Ich möchte eigentlich lieber, dass du einmal im Sommer kommen tätest statt immer nur im Winter, weil ich zu Weihnachten sowieso viele Geschenke bekomme, im Sommer aber keine.“

„Auf dem Wunschzettel, den ich hier beilege, habe ich alle Sachen angekreuzt, welche ich unbedingt haben muss. Du kannst mir den Rest aber auch noch bringen.“

„Ich bin das ganze Jahr hindurch brav gewesen, mit Ausnahme der Werktage und einiger Sonntage.“

„Eigentlich habe ich schon so viele Sachen, dass du mir dieses Jahr nichts zu bringen brauchtest. Dagegen wäre ich froh, wenn du einmal zu mir kommen könntest, um mir bei den Matheaufgaben zu helfen, damit die Note besser wird.“

„Meine Freundin Sabine sagt immer, du seist gar kein richtiges Christkind, sondern bloß eine Nachahmung von dir. Aber ich glaube es nicht, solange du mir doch immer etwas bringst.“

Aus Briefen an das Christkind

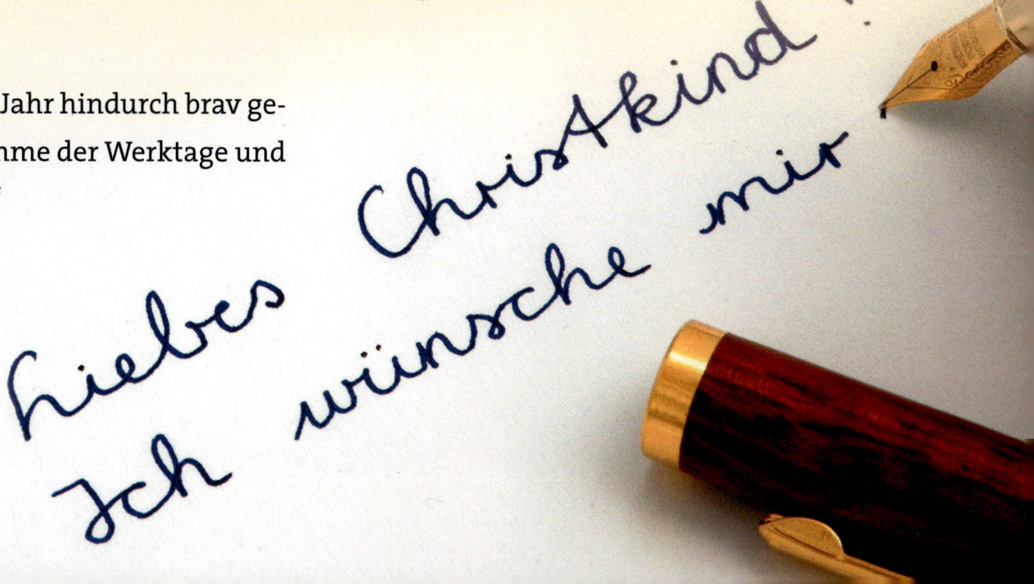

Zum Lachen*

„Scheiße“, murmelt der kleine Steffen vor sich hin, als ihm das heiße Kerzenwachs auf die Hand tropft.
Der Vater horcht auf: „Wer hat dir denn dieses hässliche Wort beigebracht?“
„Das Christkind“, behauptet Steffen.
„Das glaubst du ja selbst nicht“, widerspricht der Vater.
„Doch Papi“, beharrt Steffen. „Ich habe an der Tür gelauscht, als das Christkind im Weihnachtszimmer die Spielsachen hingestellt hat. Als es im Dunkeln an einen Stuhl gestoßen ist, hat es ganz laut ‚Scheiße‘ gesagt!“

Johannes, fünf Jahre alt, bekommt zu Weihnachten eine Eisenbahn geschenkt. Das ist in seinen Augen das schönste Geschenk von allen.
In jeder freien Minute spielt er mit der Bahn unter dem Wohnzimmertisch. Jedes Tischbein ist eine Haltestelle: Berlin, Hamburg, München und – Betlehem. Immer, wenn der Zug am vierten Tischbein hält, ruft der Junge mit laut tönender Lautsprecherstimme: „Betlehem – Maria und Josef aussteigen!“

Auf dem Weg zur Krippe

Jesus wird geboren

Eines Tages wollte Kaiser Augustus wissen, wie viele Leute in seinem Reich wohnten. So befahl er: „Alle Menschen müssen gezählt und aufgeschrieben werden."

Jeder musste sich also in dem Ort melden, in dem er geboren war. Dort wurde sein Name in eine Liste eingetragen.

Auch Josef machte sich auf den Weg. Er zog von Nazaret nach Betlehem, in die Stadt des Königs David, denn von dort stammte er. Maria ging mit ihm. Der Fußmarsch fiel ihr nicht leicht, weil sie bald ihr Kind erwartete. Der Weg war sehr weit.

Als Maria und Josef in Betlehem ankamen, waren schon viele Menschen dort. Die Herberge aber war viel zu klein und konnte nicht alle aufnehmen.

Auch für Maria und Josef gab es keinen Platz mehr. Lange suchten sie, doch nirgends konnten sie übernachten. Schließlich fanden sie einen Stall, in dem sie bleiben konnten.

Dort kam der kleine Jesus zur Welt. Maria wickelte ihn in Windeln und legte ihn in eine Futterkrippe, die eigentlich für die Tiere bestimmt war.

Nach Lukas 2,1–7

Engel erscheinen den Hirten

In der Nähe des Stalles waren einige Hirten. Sie verbrachten die Nacht im Freien auf dem Feld, um auf ihre Schafe aufzupassen.

Plötzlich wurde es ganz hell – und das mitten in der Nacht! Da stand ein Engel Gottes vor den Hirten. Die Männer bekamen große Angst.

Der Engel aber sprach: „Fürchtet euch nicht, denn ich bringe euch eine gute Nachricht. Das ganze Volk wird sich darüber freuen! Heute ist in Betlehem der Retter geboren. Geht und sucht ihn! Ihr werdet ein Kind in einem Stall finden. Es ist in Windeln gewickelt und liegt in einer Krippe."

Und auf einmal waren noch viele andere Engel da. Sie lobten Gott und sangen: „Ehre sei Gott im Himmel, und auf Erden soll Friede unter den Menschen sein! Denn Gott hat sie lieb!"

Daraufhin verschwanden die Engel wieder. Die Hirten sagten sich: „Auf! Wir wollen nach Betlehem gehen und schauen, was geschehen ist!" Und sie liefen ganz schnell.

In Betlehem fanden sie Maria, Josef und das Kind, das in der Krippe lag. Die Hirten erzählten, was ihnen der Engel gesagt hatte. Maria wunderte sich über ihre Worte und überlegte, was sie bedeuten könnten.

Nach Lukas 2,8–20

Weihnachten

Weihnachten ist ein großes, ein frohes Fest. Wir erinnern uns daran, was vor über 2000 Jahren in Betlehem geschehen ist: Jesus wurde geboren.
Wir wissen aus der Bibel, was damals geschah: Maria und Josef waren auf dem Weg nach Betlehem. Als sie dort ankamen, war für sie in der Herberge kein Platz. Deshalb gingen sie in einen Stall, um dort zu übernachten. Hier bekam Maria ihr Kind.

Es gab kein weiches Bett, in das Maria das kleine Kind legen konnte. In dem Stall stand nur eine Futterkrippe für die Tiere. Maria wickelte das Kind in Windeln und legte es dann in diese Krippe. Es bekam den Namen Jesus, das heißt Retter.
Die Freude war damals groß: bei Maria und Josef, bei den Hirten und bei den Engeln. So ist es bis heute geblieben. Auch wir freuen uns darüber, dass Jesus zu uns in die Welt gekommen ist.
Im vierten Jahrhundert feierten Christen in Rom Weihnachten zum ersten Mal.

Alle Jahre wieder*

T: Strophen 1 und 2 Wilhelm Hey (1789–1854), M: Friedrich Silcher (1789–1860)

2. Kehrt mit seinem Segen
ein in jedes Haus,
geht auf allen Wegen
mit uns ein und aus.

3. Aus der Himmel Ferne,
wo die Englein sind,
schaut doch Gott so gerne
her auf jedes Kind.

4. Sagt den Kindern allen,
dass ein Vater ist,
dem sie wohlgefallen,
der sie nie vergisst.

Das Fest der Liebe

Ein Satz des schlesischen Dichters und Arztes Angelus Silesius (1624–1677) umschreibt, auf was es an Weihnachten ankommt: „Und wäre Jesus tausendmal in Betlehem geboren, aber nicht in dir, du wärest dennoch verloren." Das heißt: Nicht außerhalb des Menschen, sondern im Menschen, in seinem Herzen geschieht die Geburt Gottes. Weihnachten wird jeden Tag neu, wenn du es zulässt.

Weihnachten ist nicht das Fest der Christbäume und Weihnachtsmänner, der glitzernden Schaufensterauslagen und der Geschenkpakete. Weihnachten ist das Fest der Liebe.

Gott will uns an Weihnachten sagen: Sieh mal nach, ob es in deiner Umgebung, vielleicht in allernächster Nähe, Menschen gibt, die deine Liebe brauchen! Es gibt tausend Wege, um ihr Herz zu erreichen. Weißt du eigentlich, dass du ein Stück von ihrem Glück in deinen Händen hältst?

Weihnachten erinnert uns daran: Nur die Liebe zählt! Es gibt nichts Wichtigeres auf der Welt.

Ein herrliches Fest

Lieber Gott,
Weihnachten ist ein herrliches Fest.
Da sind wir besonders nett zueinander
und machen uns viel Freude.
Wir danken dir, lieber Gott,
dass du uns Jesus geschenkt hast.
Wir danken dir,
dass wir seinen Geburtstag feiern können.
Wir danken dir,
dass du uns an Weihnachten zeigst,
wie du uns liebst.
Amen.

Vor dem Kind in der Krippe

Zu Advent und Weihnachten gehören die Krippen. Sie werden in den Kirchen aufgestellt, aber auch in den Häusern und Wohnungen. In der Krippe wird dargestellt, was sich vor über 2000 Jahren in Betlehem ereignet hat: Jesus wurde geboren.

Unsere heutigen Krippen verdanken wir Franz von Assisi, dem großen Heiligen des 13. Jahrhunderts. Franz vertiefte sich in das unbegreifliche Geheimnis der Menschwerdung Christi: Gott wird ein Mensch, ein Kind. Das wollte der heilige Franz darstellen, spielen, feiern, nicht nur davon erzählen oder vorlesen.

Franz lud die Menschen seiner Zeit in die Höhle von Greccio ein: Hirten und Bauern mit ihren Frauen und Kindern. Er nahm einen Futtertrog, füllte ihn mit Stroh, holte Ochs und Esel herbei und legte ein kleines Kind aus dem Dorf in die Krippe. So feierte er den Heiligen Abend.

Vor diesem italienischen Kind fiel der heilige Franz auf die Knie, breitete die Hände aus, fing an zu beten und zu singen. Und die Leute, die dabeistanden, sahen in dem kleinen Kind aus ihrem Dorf das Jesuskind von Betlehem. Sie empfanden große Freude, reichten einander die Hände und wollten gut zueinander sein.

Ein Fest der Solidarität

Zu Weihnachten werden von verschiedenen kirchlichen Hilfswerken und Aktionen Spenden gesammelt, mit denen Menschen in aller Welt geholfen wird. In vielen Gegenden der Erde sind Menschen arm. Oft fehlt es ihnen an Nahrung, sauberem Trinkwasser, medizinischer Versorgung und einem Dach über dem Kopf. Ihnen gelten unser Mitgefühl und unsere Hilfe. Weihnachten ist ein Fest der Solidarität. Der „Weihnachtszehnt“ – das ist ein Zehntel der Summe unserer Geschenke – könnte einer dieser Hilfsaktionen gehören.

Es gibt viele Möglichkeiten, zu Weihnachten Hilfe und Hoffnung zu schenken: zum Beispiel die „Aktion Adveniat“, die Tausende von Projekten in Lateinamerika finanziert und die dortigen Lebensverhältnisse verbessern hilft, „Brot für die Welt“, eine Aktion, die Menschen in den Entwicklungsländern unterstützt, oder die Aktion „Weihnachten im Schuhkarton“, die weltweit größte Geschenk-aktion für Kinder in Not.

*Wusstest du schon …**

… dass der Eingang zur Geburtskirche in Betlehem so niedrig ist, dass man sich bücken muss, um hineinzukommen? Die niedrige Tür sollte Moslems daran hindern, zu Pferd in die Kirche zu reiten und die Beter zu erschlagen.

… dass in der Geburtskirche im Fußboden ein silberner Stern eingelassen ist? In diesem Stern steht geschrieben: „Hier wurde aus Maria, der Jungfrau, Christus geboren."

An Weihnachten im Jahre ...

800

Karl der Große wurde von Papst Leo III. in der Peterskirche in Rom zum Kaiser gekrönt.

1223

Franz von Assisi baute die erste holzgeschnitzte Krippe in seiner Einsiedelei auf dem Colomoberg in Greccio.

1498

Auf seiner Entdeckungsreise erreichte der Portugiese Vasco da Gama nach schwerer Seenot die afrikanische Küste. Er gab dem Land den Namen „Weihnachtsland".

1777

James Cook entdeckte eine der größten Koralleninseln der Südsee. Er nannte sie „Weihnachtsinsel".

1818

Am 24. Dezember erklang in der Pfarrkirche zu Oberndorf im Salzburgischen zum ersten Mal „Stille Nacht, heilige Nacht".

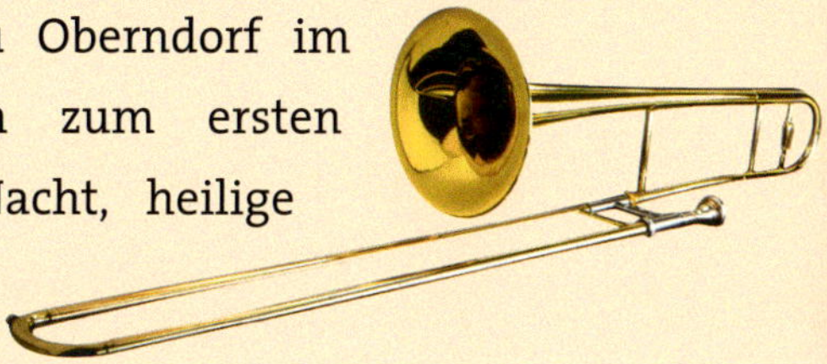

1844

Als Dr. Heinrich Hoffmann-Donner an Weihnachten kein geeignetes Bilderbuch für seinen 3-jährigen Sohn fand, füllte er ein Schreibheft mit eigenen Zeichnungen und Versen. Ein Jahr später erschien es als „Der Struwwelpeter oder lustige Geschichten und drollige Bilder mit 15 illustrierten Tafeln für Kinder von 3 bis 6 Jahren" unter seinem Pseudonym Reimerich Kinderlieb.

Kinder fragen – Eltern antworten

„Wer ist das Christkind?“ *(Holger, 4 Jahre)*
Jesus wurde als kleines Kind geboren. Und da man ihn außer Jesus auch noch Christus nennt, sprechen wir auch vom Christkind.

„Wieso kann ich das Christkind nicht sehen?“ *(Christian, 5 Jahre)*
Es ist schon lange her, dass das Jesuskind geboren wurde. Dann ist es groß geworden und hat den Menschen von Gott erzählt. Nach seinem Tod ist der erwachsene Jesus zu Gott gegangen und wohnt seitdem bei ihm.

„Wie hat das Jesuskind ausgesehen?“ *(Daniel, 5 Jahre)*
Das Jesuskind hat wie alle Kinder ausgesehen. Seine Mutter Maria und sein Vater Josef haben es so lieb gehabt, wie alle Eltern ihre Kinder lieb haben.

„Warum wurde das Jesuskind in einem Stall geboren?“ *(Tanja, 4 Jahre)*
Maria und Josef waren arme Leute, wie die meisten Menschen damals in Palästina. Deshalb kam Jesus in einem Stall zur Welt. Seine Eltern legten ihn in eine Futterkrippe, die mit Stroh ausgelegt war.

„Warum feiern wir jedes Jahr Weihnachten?“ *(Eva, 4 ½ Jahre)*
Wir freuen uns in jedem Jahr über die Geburt Jesu. Wir feiern seinen Geburtstag, weil wir diesem Jesus sehr viel zu verdanken haben. Jesus hat uns gezeigt, dass Gott uns als seine Freunde haben will.

Lustiges aus Kindermund

Der dreijährige David ist es gewohnt, mit den Eltern vor dem Mittagessen zu beten. Nach dem „Amen“ des Tischgebets wünscht jeder dem andern: „Gesegnete Mahlzeit!“
Am Heiligabend darf David mit zur Kirche. Er beobachtet alles genau. Als der Pfarrer nach seiner Predigt „Amen“ sagt, ruft David laut in die feierliche Stille hinein: „Gesegnete Mahlzeit!“

Die Ereignisse der Heiligen Nacht erzählt die fünfjährige Sabine nach eigener Vorstellung: „Mitten in der Nacht sagte Maria zum heiligen Josef: ‚Josef, wach mal auf! Ich glaub’, ich hab ein Kind gekriegt!‘“

Bauernregeln

Ist es grün zur Weihnachtsfeier,
fällt der Schnee auf Ostereier.

Wenn Christkindlein Regen weint,
vier Wochen keine Sonne scheint.

Ist gar gelind der heil'ge Christ,
der Winter darob wütend ist.

Klappern die Bäume von Eis
in den Weihnachtstagen,
so werden sie im nächsten Jahr
viel Früchte tragen.

Wie die Christrose entstand

In der Heiligen Nacht sprachen die Hirten zueinander: „Kommt, lasset uns nach Betlehem gehen und sehen, was da geschehen ist!“
Und sie machten sich eilends auf. Jeder nahm ein Geschenk mit: Butter und Honig, einen Krug Milch, Wolle vom Schaf und ein warmes Lammfell.
Nur ein Hirtenknabe hatte gar nichts zum Schenken. Er suchte auf der Winterflur nach einem Blümchen, fand aber keins. Da weinte er, und die Tränen fielen auf die harte Erde.

Sogleich sprossen aus den Tränen Blumen hervor, die trugen Blüten wie Rosen. Fünf Blütenblätter, zart und weiß, standen zum Kelch zusammen, daraus ein Kranz von goldenen Staubgefäßen gleich einer Krone hervorleuchtete. Voll Freude pflückte der Knabe die Blumen und brachte sie dem göttlichen Kind in der Krippe. Das Jesuskind aber legte segnend das Händchen auf das Wunder.
Seit der Zeit blüht die Blume jedes Jahr in der Weihnachtsnacht auf, und die Menschen nennen sie Christrose.

Überliefert

Ihr Kinderlein, kommet*

T: Christoph v. Schmid (1768–1854)

M: Johann Abraham Peter Schulz 1794 (1747–1800)

2. O seht in der Krippe im nächtlichen Stall,
seht hier bei des Lichtes hellglänzendem Strahl
in reinlichen Windeln das himmlische Kind,
viel schöner und holder, als Engel es sind.

3. Da liegt es, ach Kinder, auf Heu und auf Stroh,
Maria und Josef betrachten es froh;
die redlichen Hirten knien betend davor;
hoch oben schwebt jubelnd der Engelein Chor.

4. O beugt wie die Hirten anbetend die Knie;
erhebet die Hände und danket wie sie!
Stimmt freudig, ihr Kinder, wer sollt sich nicht freun,
stimmt freudig zum Jubel der Engel mit ein!

Der leere Stall*

Die Winternacht ist kalt. Mütterchen Babuschka ist gerade dabei, ins warme Bett zu schlüpfen. Da klopft es plötzlich heftig an der Tür. Babuschka hört nicht darauf, und das Klopfen wird lauter. Schließlich öffnet sie die Tür einen Spaltbreit. Draußen stehen Hirten mit roten Nasen und Schnee im Haar. Aufgeregt erzählen sie von dem königlichen Kind, das nicht weit entfernt in dieser Nacht geboren wurde. „Komm schnell Babuschka“, sagt der Ältere. Babuschka schüttelt den Kopf. Zu warm ist das Bett und zu kalt der Wind. „Morgen“, sagt das Mütterchen. „Wartet bis morgen.“

Die Hirten gehen davon. Kurz darauf klopfen sie wieder an die Tür. Um einen Korb bitten sie, um etwas Fleisch oder Brot. Sie wollen es selbst zum Kind und seinen Eltern bringen. „Morgen“, sagt das Mütterchen.

Am nächsten Tag hält Babuschka tatsächlich Wort. Sie packt einen Beutel mit Essen und Geschenken: für die Frau einen weichen Schal und einen silbernen Löffel, für das Kind Spielzeug. Aber als sie ankommt, ist der Stall leer …

Legende aus Russland

Weihnacht ist wieder

Weihnacht ist wieder,
ich freue mich so!
Ich knie bei dir nieder,
liebes Kind, auf dem Stroh.

Oh, segne uns alle,
ob Groß oder Klein,
und leg deinen Frieden
ins Herz uns hinein!

Mündlich überliefert

Zwischen Weihnachten
und Neujahr

Weihnachten muss immer sein

Nach den Feiertagen sollte man Weihnachten nicht einfach abhaken und zur Tages- bzw. Jahresordnung übergehen. Weihnachten muss eigentlich immer sein.

Ein Weihnachtslied aus Haiti gibt auf die Frage „Wann ist Weihnachten?“ folgende Antwort: „Jeder Tag ist Weihnachten auf dieser Erde, jedesmal, wenn einer dem anderen seine Liebe schenkt; wenn Herzen Glück empfinden, ist Weihnachten, dann steigt Gott wieder vom Himmel herab und bringt das Licht.“

Das ganze Jahr über – also auch im März, im Juni oder im September – sollten unsere Mitmenschen bei uns spüren können, dass es Weihnachten gibt.

Die 12 (un)heiligen Nächte

Den Segen Gottes haben sich die Menschen schon in ältester Zeit für ihre Familie und für ihr Haus gewünscht. Gerade in den oft stürmischen 12 Winternächten zwischen Weihnachten und dem Dreikönigstag gingen, wie man glaubte, böse Geister um, die den Menschen schaden wollten. Durch Gottes Segen wurden aus den zwölf unheiligen Nächten zwölf heilige Nächte.

Fest der Unschuldigen Kinder (28. Dezember)

Am 28. Dezember ist das Fest der Unschuldigen Kinder. Dieser Tag erinnert an die Kinder von Betlehem, die König Herodes töten ließ. Das Matthäusevangelium (2,13–23) berichtet davon.

Herodes, der König von Jerusalem, wartete in seinem Palast ungeduldig auf die Rückkehr der drei Sterndeuter. Sie sollten ihm sagen, in welchem Haus in Betlehem der „neugeborene König der Juden" zu finden sei. Aber die Männer kamen nicht wieder zu ihm zurück.

Da wurde König Herodes sehr zornig. Er ließ seine Soldaten kommen und befahl ihnen: „Geht nach Betlehem und tötet alle Jungen in der Stadt und in der Umgebung, die noch nicht zwei Jahre alt sind!"

Die Soldaten taten, was der König befohlen hatte. Aber Jesus fanden sie nicht. Ein Engel war nämlich Josef im Traum erschienen und hatte ihm gesagt: „Steh auf, nimm das Kind und seine Mutter und flieh nach Ägypten. König Herodes sucht das Kind und will es töten. Bleib so lange in Ägypten, bis ich dir sage, dass du wieder zurückkehren kannst!"

Sofort floh Josef mit dem Kind und der Mutter Maria nach Ägypten. Hier waren sie sicher vor dem grausamen König. Als Herodes gestorben war, erschien der Engel wieder dem Josef und sprach: „Nimm das Kind und seine Mutter und zieh in das Land Israel! Herodes ist tot."

Da zog Josef mit Jesus und Maria heimwärts in das Land Israel bis in das Gebiet von Galiläa. In der Stadt Nazaret ließ er sich nieder.

Am Fest der Unschuldigen Kinder denken wir an die Kinder, die in der Zeit, als die Christen verfolgt wurden, für Jesus gestorben sind. Wir denken auch an die Kinder, die durch Krankheit oder Krieg früh sterben mussten. Heute werden an diesem Tag in vielen Gemeinden die Kinder und deren Eltern gesegnet.

Lange Zeit war der Festtag der Unschuldigen Kinder ein fröhlicher Tag. Da bestimmten Kinder, was an diesem Tag zu geschehen hatte. Bis ins späte Mittelalter wurden die Kinder mit Pfeffernüssen und anderen guten Sachen beschenkt.

Silvester

Der Jahreswechsel – also der letzte Tag im abgelaufenen Jahr (benannt nach dem im Jahre 355 verstorbenen Papst Silvester I.) und der erste Tag im neuen Jahr – wird von vielen Menschen festlich und gemütlich begangen. Das ist eine schöne Sitte, die – je nach Region – auch mit einer Vielzahl von Bräuchen verbunden ist.

Um Mitternacht bzw. am ersten Tag im neuen Jahr wünschen wir uns alles Gute. Wir wünschen uns Glück und Gesundheit, Frieden und Freude, Zufriedenheit und Gottes Segen. Alter Streit soll ein Ende haben, ein neuer Anfang soll gewagt werden.

Dietrich Bonhoeffer, der 1945 im KZ hingerichtete evangelische Theologe, gibt uns für das neue Jahr ein wichtiges Wort mit auf den Weg: „Von guten Mächten wunderbar geborgen, erwarten wir getrost, was kommen mag. Gott ist mit uns am Abend und am Morgen und ganz gewiss an jedem neuen Tag."

An der Pforte des neuen Jahres

Ich sagte zu dem Engel,
der an der Pforte des neuen Jahres stand:
„Gib mir ein Licht,
damit ich sicheren Fußes
der Ungewissheit entgegengehen kann!“
Aber er antwortete:
„Gehe nur hin in die Dunkelheit –
und lege deine Hand
in die Hand Gottes.
Das ist besser als ein Licht –
und sicherer
als ein bekannter Weg.“

Worte eines chinesischen Christen

Silvestersalat – schnell gemacht und lecker

Das wird gebraucht:

- ★ 2 Dosen Champignons
- ★ 2 Dosen Spargelstückchen
- ★ Salatkräuter
- ★ 1 EL Mayonnaise
- ★ 2 EL saure Sahne
- ★ 1 hart gekochtes Ei
- ★ Gurken

So wird's gemacht:

Wir verrühren die Mayonnaise, saure Sahne und Kräuter zu einer Salatsoße. Spargel und Champignons lassen wir abtropfen und geben sie zur Soße. Dann mengen wir alles gut durch und garnieren den Salat mit dem Ei und den Gurken.

Prickelnde Silvesterbowle gefällig?*

Das wird gebraucht:

- ★ 1½ l Hagebuttentee
- ★ 2 Flaschen Johannisbeer- oder Kirschsaft
- ★ 3 EL flüssiger Honig
- ★ 2 Nelken
- ★ 1 Orange
- ★ 1 Flasche Zitronenlimonade

So wird's gemacht:

Zwei Eiswürfelschalen mit Zitronenlimonade füllen und 3 Stunden gefrieren lassen. Hagebuttentee zubereiten (Teebeutel) und mit Honig süßen. Die Orange waschen und in Scheiben schneiden. Tee, Saft, Nelken und Orangenscheiben in ein großes Gefäß geben, mit Eiswürfeln trinken. Wohl bekomm's!

Bastelidee: Kleeblätter zu Silvester*

Das vierblättrige Kleeblatt ist ein Glückssymbol. Es soll alles Glück vervierfachen. Aus etwas festerem, grünem Karton kannst du mit deinen Freunden oder Geschwistern vierblättrige Kleeblätter basteln, etwa 15 x 15 cm groß. Auf die einzelnen Kleeblätter schreibt ihr gute Wünsche für das neue Jahr (viel Glück und Freude, gute Laune und Humor, viel Zeit zum Spielen ...). Durch eines der Blätter wird ein 60 cm langes Band gezogen und zusammengeknotet. Diese Kleeblätter hängt ihr euch und euren Silvestergästen um den Hals.

Kindergebet zum Jahresschluss*

Lieber Gott,
ich freue mich jedes Jahr auf Silvester,
weil ich dann lange aufbleiben darf
und weil es so schön knallt.
Aber ich möchte an Silvester
auch an dich denken.
Du hast mich im alten Jahr behütet.
Viele schöne Tage
hast du mir geschenkt.
Dafür danke ich dir.
Bitte, behüte mich
im neuen Jahr genauso
und schenke mir wieder
viele schöne Tage!
Amen.

Man nehme zwölf gut ausgereifte Monate

Man nehme zwölf gut ausgereifte Monate und beachte, dass sie vollkommen sauber sind und frei von jeglicher Erinnerung an Bitterkeit, Groll, Rachsucht, Neid und Eifersucht. Man entferne jede Spur von Kleinlichkeit und Niedrigkeit – kurzum: alles, was mit unangenehmen Dingen der Vergangenheit zusammenhängt.

Die zwölf Monate müssen also so frisch und sauber sein, wie sie aus der „Werkstatt Zeit" hervorgegangen sind. Man zerlege sodann jeden Monat in dreißig oder einunddreißig Tage, damit der Vorrat für ein Jahr ausreicht. Man richte nicht alle Tage gleichzeitig an, sondern beschäftige sich jedesmal mit einem einzigen Tag. Und damit diese Tage die besten unseres Lebens werden, beachte man sorgfältig die nachfolgenden Anweisungen.

Für jeden Tag nehme man soundso viele Teile Entschlossenheit, Mut, Ehrenhaftigkeit, Geduld, Arbeit, Vertrauen, Gebet, Bescheidenheit, Ruhe, Überlegung – und nun füge man dem Ganzen einen Löffel Schwungkraft und Frohsinn hinzu, einen kleinen Löffel Takt, eine gute Dosis Nachsicht und aufrichtige Herzlichkeit. Sodann übergieße man das Ganze mit Liebe und rühre es kräftig um. Man schmücke alsdann alles mit einem Sträußchen kleiner Aufmerksamkeiten und trage es mit Heiterkeit auf den Tisch.

Ein altes Kalenderrezept

Begegnung am ersten Tag des Jahres

Ich ging die Straße hinunter, als mich ein dürftiger, gebrechlicher Greis anhielt.
Entzündete, tränende Augen, fahlblaue Lippen, zerfetzte Lumpen, unsaubere Schwären. Oh, wie entsetzlich hatte die Not dieses unglückliche Geschöpf verunstaltet!
Er streckte mir seine gerötete, verschwollene, schmutzige Hand entgegen. Dabei stöhnte er, bat um Hilfe.
Ich begann, alle meine Taschen zu durchsuchen. Aber weder Geldbeutel noch Uhr, nicht einmal ein Taschentuch war da. Ich hatte nichts mitgenommen, da ich nur etwas Luft schnappen wollte. Der Bettler aber wartete noch immer. Seine vorgestreckte Hand bebte und zitterte vor Schwäche. Verwirrt und verlegen ergriff ich diese schmutzige, zitternde Hand und drückte sie: „Zürne mir nicht, Bruder – ich habe gar nichts bei mir."
Der Bettler richtete seine entzündeten Augen auf mich. Ein schwaches Lächeln kam auf seine fahlen Lippen. Und dann drückte auch er meine erkalteten Finger. „Lass es gut sein, Bruder", sagte er leise, „auch dafür bin ich dankbar, denn auch das ist eine Gabe, mein Bruder."
Da fühlte ich, dass auch ich von meinem Bruder eine Gabe empfangen hatte, an diesem ersten Tag des neuen Jahres.

Iwan Turgenjew

Irischer Segenswunsch

Mögest du immer Arbeit haben,
etwas zu tun für deine Hände
und immer Geld in der Tasche,
so viel du zum Leben brauchst.

Möge das Sonnenlicht
auf deinen Fenstersims scheinen
und dein Herz voll Gewissheit sein,
dass jedem Regen ein Regenbogen folgt.

Der Tag sei dir günstig
und die Nacht dir gnädig.
Die gute Hand eines Freundes
möge dir immer nahe sein,
und Gott möge dir dein Herz erfüllen
und dich mit Freude ermuntern.

Gebet am Jahresbeginn

Gott, vor dir ist alle Finsternis Licht
und tausend Jahre sind dir wie ein Tag.
Du weißt Anfang, Dauer und Ende unseres Lebens
und leitest uns alle durch die Zeit zur Ewigkeit.
Wir wissen nicht,
was in diesem Jahr mit uns geschehen wird.
Aber wir wissen:
Denen, die dich lieben, wird alles zum Guten.
Wenn wir dich lieben,
wird uns alle Arbeit zur Ruhe,
aller Kummer wird Freude,
der Fluch zum Segen,
Tränen werden zu Quellen des Trostes.
So lass mich dieses Jahr mit deiner Liebe anfangen
und alle Stunden dieses Jahres
deiner Liebe treu bleiben.
Ich liebe dich, Vater, lass mich durch nichts
von deiner Liebe geschieden werden!

Johann Michael Sailer (1789)

Weltfriedenstag

Neben Neujahr und dem Fest der Gottesmutter feiern wir am 1. Januar den Weltfriedenstag. Diesen Tag gibt es seit dem Zweiten Vatikanischen Konzil. Wir bitten Gott, er möge allen Menschen helfen, miteinander Frieden zu halten und füreinander da zu sein.

Eine alte Legende erzählt: Ein Maler hatte ein „Haus des Friedens“ gemalt. Groß und stabil, fest wie eine Arche. Die Farben freundlich und harmonisch. Eine friedliche Stimmung lag auf dem Bild.

Ein kleiner Junge betrachtete das Bild ganz aufmerksam. Plötzlich fragte er: „Vater, auf diesem Bild fehlt etwas. Es fehlt die Klinke an der Haustür. Wie soll denn der Friede ins Haus kommen?“

Der Vater, nicht weniger erstaunt, antwortete: „Die Türklinke hat der Maler bestimmt nicht vergessen, er hat sie einfach weggelassen. Der Friede kann nur ins Haus kommen, wenn wir ihm von innen die Tür öffnen und ihn bei uns wohnen lassen.“

Auf den Spuren der
Heiligen Drei Könige

„Epiphanie" oder „Dreikönigstag"

Das Fest, das die Kirche am 6. Januar feiert, heißt „Fest der Erscheinung des Herrn" oder „Epiphanie". Wir denken an diesem Tag an die drei Sterndeuter, die von weither gekommen sind, um das kleine Jesuskind als „König und Retter aller Menschen" zu verehren und zu beschenken. Wir feiern an diesem Tag Jesus als das Heil und den Segen für die ganze Welt.

Das Fest der Erscheinung des Herrn heißt auch „Fest der Heiligen Drei Könige". Das Evangelium spricht nicht von Königen. Dass die Sterndeuter Könige gewesen sein sollen, wurde vom Volk erst einige hundert Jahre später angenommen.

Im 9. Jahrhundert wurden die drei Könige erstmals mit Namen genannt: Caspar, Melchior und Balthasar. Sie wurden zu dieser Zeit auch als Vertreter der drei damals bekannten Erdteile Europa, Asien und Afrika angesehen. Das sollte ein Zeichen dafür sein, dass Jesus für alle Menschen geboren ist, gleich welche Hautfarbe sie haben. Mit anderen Worten: Das in Betlehem vor über 2000 Jahren geborene Kind ist zu allen Menschen gekommen. Es ist den Weisen aus dem Morgenland als „Herr aller Völker" erschienen, denn Gott liebt alle Menschen.

Es führt drei König *

T: nach Köln (Brachel) 1623 Friedrich von Spee (1591–1635), M: Köln 1880

2. Aus Morgenland in aller Eil sie reisten weit, viel hundert Meil.
Sie zogen hin zu Land und See, bergauf, bergab, durch Reif und Schnee.
Zu dir, o Gott, die Pilgerfahrt uns dünke nie zu schwer und hart!

3. Sie kehrten bei Herodes ein, am Himmel schwand des Sternes Schein;
doch wie zum Kind sie eilig gehn, den Stern sie auch von Neuem sehn.
Gott, lass das Licht der Gnad uns schaun, auf deine Führung fest vertraun!

4. Und überm Haus, wo's Kindlein war, stand still der Stern so wunderbar;
da knien sie und weihn dem Kind Gold Weihrauch, Myrrh' zum Angebind.
Gott, nimm von uns als Opfergut Herz, Leib und Seele, Ehr und Blut!

Sterndeuter kommen zu Jesus

Bald nachdem Jesus geboren war, kamen von weit her weise Männer nach Jerusalem. Sie waren Sterndeuter. Die Männer fragten die Bewohner der großen Stadt: „Wo ist der neugeborene König der Juden? Wir haben seinen Stern aufgehen sehen und sind gekommen, um ihn anzubeten."

Als die Leute von Jerusalem das hörten, erschraken sie sehr. Besonders Herodes, der König von Jerusalem, erschrak. Er rief alle Hohenpriester und Schriftgelehrten des Volkes zu sich und fragte: „Wisst ihr, wo dieser neue König geboren ist?" Die Hohenpriester und Schriftgelehrten wussten es. Sie sagten: „In Betlehem ist er geboren. So haben es schon die Propheten geschrieben."

Da schickte Herodes die Weisen nach Betlehem. Er sagte ihnen: „Geht und sucht das Kind! Wenn ihr es gefunden habt, kommt wieder zu mir! Lasst mich wissen, wo es ist! Dann kann auch ich hingehen und das Kind begrüßen und anbeten."

Also machten sich die Weisen auf den Weg nach Betlehem. Der Stern, den sie entdeckt hatten, zog am Himmel vor ihnen her. Sie freuten sich, denn er zeigte ihnen den Weg. Dort, wo das Kind war, blieb der Stern stehen. Genau über dem Stall.

Die Weisen gingen in den Stall hinein. Sie sahen Maria, Josef und das Jesuskind. Der Anblick des kleinen Kindes machte sie sehr glücklich. Sie knieten sich vor ihm hin, beteten es an und schenkten ihm, was sie mitgebracht hatten: Gold, Weihrauch und Myrrhe. Myrrhe ist eine sehr wertvolle Salbe aus duftenden Kräutern. In der Nacht träumten die Sterndeuter, dass es nicht gut sei, zu König Herodes zurückzukehren. Deshalb gingen sie auf einem anderen Weg in ihre Heimat zurück.

Nach Matthäus 2,1–12

Der Stern von Betlehem

Der Stern von Betlehem führte die Heiligen Drei Könige an die Krippe. Lange hat man gerätselt, was das wohl für eine Erscheinung war; vielleicht ein großer Komet? Aber der wäre rasch verglüht. Astronomen und Historiker glauben nun, die Antwort gefunden zu haben: Es waren zwei Sterne, genauer zwei Planeten. Jupiter und Saturn standen nämlich so eng beieinander, dass sie wie ein einziger, besonders heller Stern strahlten. Das geschieht nur alle 138 Jahre.

Die drei Könige

Wir kommen daher ohn' allen Spott,
ein' schön' guten Abend gebe euch Gott.
Wir grüßen dies Haus und wünschen euch allen
von Herzen das göttliche Wohlgefallen.

Gott möge uns allen Gesundheit verleihen,
dem Vieh und den Saaten gutes Gedeihen.
Christus möge im Hause wohnen,
für jede Wohltat euch reich belohnen.

Er segne das Haus und die da gehen ein und aus.
Die Liebe sei mächtig, der Herr soll euch führen,
das schreiben wir heut' auf die Schwellen und Türen.

Die Gabe vergelte der gütige Gott
mit langem Leben und gutem Tod.
Er schenke euch ein gesegnetes neues Jahr.
Das wünschen Caspar, Melchior und Balthasar.

Volksgut

Mit einem Stern von Haus zu Haus

In jedem Jahr ziehen in den Tagen nach Weihnachten die Sternsinger – das sind Jungen und Mädchen aus mehr als 8000 Pfarrgemeinden – von Haus zu Haus. Sie sind verkleidet als die Heiligen Drei Könige: mit farbenprächtigen Gewändern und leuchtenden Kronen, die sie selbst gebastelt haben. Einer von ihnen hält einen Stock in der Hand, auf dem oben ein Stern funkelt.

Die „Dreikönigssänger", wie die Sternsinger auch genannt werden, besuchen Familien, aber auch alte, kranke und alleinstehende Menschen. Sie sagen Gedichte auf, die von der Geburt Jesu erzählen, und singen Lieder, die von den Weisen aus dem Morgenland berichten. Mit geweihter Kreide schreiben die Sternsinger über die Haus- und Wohnungstüren die drei Buchstaben: C + M + B, eingerahmt durch die jeweilige Jahreszahl: 20 + C + M + B + 10.

Die Buchstaben sind die Abkürzung für einen lateinischen Segensspruch: „Christus mansionem benedicat", das heißt auf Deutsch: „Christus segne dieses Haus (diese Wohnung)".

Haussegen zum Dreikönigsfest

Erfüll mit deinen Gaben,
Herr Jesus, dieses Haus!
Tod, Krankheit, Seelenschaden,
Brand, Unglück treib hinaus!

Lass hier den Frieden grünen,
verbanne Zank und Streit,
dass wir dir fröhlich dienen
jetzt und in Ewigkeit!

Aus Oberbayern

Hilfe für Kinder in der Dritten Welt

Bei ihren Besuchen in den Häusern bitten die Sternsinger die Menschen um eine Geldspende. Dieses Geld ist für Kinder in aller Welt bestimmt, die in Not sind und keine richtige Heimat haben. Der Erlös wird für Kindergärten und Schulen, für Waisenhäuser und Jugendzentren, für Tagesstätten und Kinderkrankenstationen in der Dritten Welt verwandt.

Es ist schön, dass auch in anderen Ländern – zum Beispiel in Österreich, in der Schweiz, in Italien, in der Slowakei, in Island und sogar in Korea – Jungen und Mädchen unterwegs sind und den Brauch des Sternsingens pflegen. Das macht Mut. Unzähligen Kindern in aller Welt kann durch das Lied der Sternsinger und die Gaben der Leute wirklich geholfen werden.

Alles beginnt mit dem ersten Schritt

Es ist etwas sehr Schönes um den Brauch des Sternsingens. Da sind junge Menschen unterwegs, die nicht an sich selber denken, sondern anderen Kindern helfen wollen. Sie scheuen keine Mühen – keinen Schnee, keinen Wind und keine Kälte –, um die Weihnachtsbotschaft zu verkünden und die Not vieler Kinder in den armen Ländern ein wenig zu lindern.
Manche werden vielleicht denken: „Was kann man schon mit den paar Euros und Cents in den Sammelbüchsen gegen die große Not der Kinder auf dieser Welt machen? Das bringt doch nichts!" Auf einem Kalenderblatt war einmal zu lesen: „Auch der längste Weg beginnt mit dem ersten Schritt." Das stimmt. Wenn keiner sich auf den Weg macht, ändert sich nichts auf der Welt. Aber viele zusammen bewegen etwas: Das ist das Geheimnis der Sternsinger.
Schließlich ist auch dieses Wort zutreffend und richtig: Wer andere beschenkt, beschenkt sich selbst am meisten. Das heißt: Freude, die man anderen macht, kehrt immer wieder ins eigene Herz zurück. Dann wird plötzlich das wahr, um was die Sternsinger in ihrem Lied Gott bitten: „Segne nun dieses Haus / und alle, die gehen da ein und aus! / Verleihe ihnen zu dieser Zeit / Frohsinn, Frieden und Einigkeit!"

Textnachweis

S.98: Dietrich Bonhoeffer, © by Gütersloher Verlagshaus, Gütersloh, in der Verlagsgruppe Random House GmbH, München

Bildnachweis

Cover: © Dušan Zidar/Fotolia.de (Adventskranz), © www.jenshagen/Fotolia.de (Bild rechts oben), © Oleg Kozlov/Fotolia.de (Bild rechts Mitte), © Erwin Wodicka/shutterstock.de (Bild rechts unten), © Patrick Hermans/Fotolia.de (Schaukelpferd + Engel), © Franz Pfluegl/Fotolia.de (Sternkeks)
S.6: © Dron – fotolia.de
S.7: © Askhanir – fotolia.de
S.8: © henryart – fotolia.de
S.9, 16 o, 34 re und li, 58: © Stephanie Hofschlaeger / Pixelio
S.10: © Hestero – fotolia.de
S.11: © matthias fährmann – fotolia.de
S.12, 33: © Twilight_Art_Pictures – fotolia.de
S.13, 53: © DeVIce – fotolia.de
S.14: © RainerSturm / Pixelio
S.15: © Stefan Körber – fotolia.de
S.16 u: ©photoGrapHie – fotolia.de
S.20: © engelchen – fotolia.de
S.21 u: © Katia Pointurier – fotolia.de
S.23: © Birgit Reitz-Hofmann – fotolia.de
S.24, 101: © Lianem – fotolia.de
S. 25: © Iva Villi – fotolia.de
S.26: © 2windspa – fotolia.de
S.27: © Daniel Fleck – fotolia.de
S.28: © Katja Kraemer – fotolia.de
S.29: © James Steidl – fotolia.de
S.30: © Alex White – fotolia.de
S.32 M, 80: © sandra zuerlein – fotolia.de
S.32 u, 67, 69: © Carola Schubbel – fotolia.de
S.34 M: © Martina Chmielewsk – fotolia.de
S.36: © Cornerstone / Pixelio
S.37: © RCP Photo – fotolia.de
S.38: © Mac Conin – fotolia.de
S.39, 45: © sonne Fleckl – fotolia.de
S.41: © Bruno T. – fotolia.de
S.42: © Carmen Steiner – fotolia.de
S.43 o: © naliha / Pixelio
S.43 u: © Peggy Boegner – fotolia.de
S.44: © Barbara Eckholdt / Pixelio
S.46: © Maria P. – fotolia.de
S.47 o, 48 o, 49 u, 101 o: Patrick Hermans – fotolia.de
S.47 u: © Max Andreev – fotolia.de
S.48 u: © Monika Adamczyk – fotolia.de
S.49 o: © Ruth Black – fotolia.de
S.50 o, 86 91 o, 112: © Claudia Hautumm / Pixelio
S.50 u: © RNG – fotolia.de
S.51: © Barney O'Fair – fotolia.de
S.52: © S.Hainz / Pixelio
S.54: © Siegfried Fries / Pixelio
S.55: © qay / Pixelio
S.56, 60: © chaos.design – fotolia.de
S.57: © andi-h / Pixelio
S.59 o, 71, 97: © Patrizier-Design – fotolia.de
S.59 u: © Michael S. Schwarzer – fotolia.de
S.62 o: nO-FaCe – fotolia.de
S.62 u: © Varina Patel – fotolia.de
S.63: © Kolett – fotolia.de
S.64, 82: © Johanna Mühlbauer – fotolia.de
S.65 o: © Petra Dietz / Pixelio, u li: © Alvin Teo / Pixelio, u re: © Carlo Schrodt / Pixelio
S.66: © Balin – fotolia.de
S.68: © Sandra Cunningham – fotolia.de
S.69 o: © Iffile – fotolia.de
S.70: © ANK – fotolia.de
S.72: © Mirko Bartenwerfer – fotolia.de
S.73: © puje – fotolia.de
S.74 o: © Goos_Lar – fotolia.de, u: © philippe maville – fotolia.de
S.76: © Klausi / Pixelio
S.77: © Georgi Karamihaylov – fotolia.de
S.78: © Thaut Images – fotolia.de
S.79: © Miguel Cavazos – fotolia.de
S.81: © Astrid Dehnel / Pixelio
S.83: © Helmut Singer – fotolia.de
S.84: © Rolf Klebsattel – fotolia.de
S.89 li: © Joujou / Pixelio, re: © Bolliger Hanspeter, Bearbeitung: Joujou / Pixelio
S.91 u: © Linas Lebeliunas – fotolia.de
S.92: © Stephen Coburn – fotolia.de
S.93: © bogo-service – fotolia.de
S.94: © philippe Devanne – fotolia.de
S.96: © Goos_Lar – fotolia.de
S.100 o, u: © Israfil Sen – fotolia.de, M: © Kaarsten – fotolia.de
S.102: © Jürgen Acker / Pixelio
S.104: © manwalk / Pixelio
S.106: © Irina Fischer – fotolia.de
S.107: © mhpics – fotolia.de
S.108: © Thomas Max Müller / Pixelio
S.109: © OutdoorPhoto – fotolia.de
S.110: © Gerd Brändlein – fotolia.de
S.113: © Vinicius Tupinamba – fotolia.de
S.114: © Janine Wittig – fotolia.de
S.115: © emmi – fotolia.de
S.116: © Christian Plangger / Pixelio
S.117: © Evi Angela / Pixelio
S.118: © Photoroller – fotolia.de
S.119: © SADEQ – fotolia.de